Conoce a mi mascota

El perro

Samantha Nugent
y Jared Siemens

AV2 SPANISH
www.openlightbox.com

AV2 SPANISH

Paso 1
Ingresa a **www.openlightbox.com**

Paso 2
Ingresa este código único
AVW44748

Paso 3
¡Explora tu eBook interactivo!

AV2 es compatible para su uso en cualquier dispositivo.

Tu eBook interactivo trae...

Leer

Audio
Escucha todo el lobro leído en voz alta

Videos
Mira videoclips informativos

Enlaces web
Obtén más información para investigar

¡Prueba esto!
Realiza actividades y experimentos prácticos

Palabras clave
Estudia el vocabulario y realiza una actividad para combinar las palabras

Cuestionarios
Pon a prueba tus conocimientos

Presentación de imágenes
Mira las imágenes y los subtítulos

Comparte
Comparte títulos dentro de tu Sistema de Gestión de Aprendizaje (LMS) o Sistema de Circulación de Bibliotecas

Citas
Crea referencias bibliográficas siguiendo los estilos de APA, CMOS y MLA

Conoce a mi mascota

El perro

CONTENIDOS

Quiero tener un perro de mascota.

Debo aprender a cuidarlo.

Hay muchos tipos de perros para elegir como mascota.

Algunos son muy grandes. Otros son muy pequeños.

RAZAS DE PERROS

Yorkshire Terrier
Menos de 7 libras (3 kilogramos)

Pug
Hasta 18 libras (8 kg)

Gran danés
Hasta 175 libras (79 kg)

Golden Retriever
Hasta 75 libras (34 kg)

Los perros necesitan ayuda para mantener el pelo limpio.

Lo cepillaré a menudo para que su pelo esté limpio.

Mi perro necesitará hacer ejercicio todos los días.

Le lanzaré una bola en el jardín para que la vaya a buscar.

EJERCICIO DIARIO

Labrador
Hasta
120
minutos por día

Jack Russell
Hasta
90
minutos por día

Pinscher miniatura
Hasta
60
minutos por día

Bulldog francés
Hasta
30
minutos por día

Es importante que mi perro tenga un lugar cálido para descansar.

Trato de no hacer ruido para que pueda dormir.

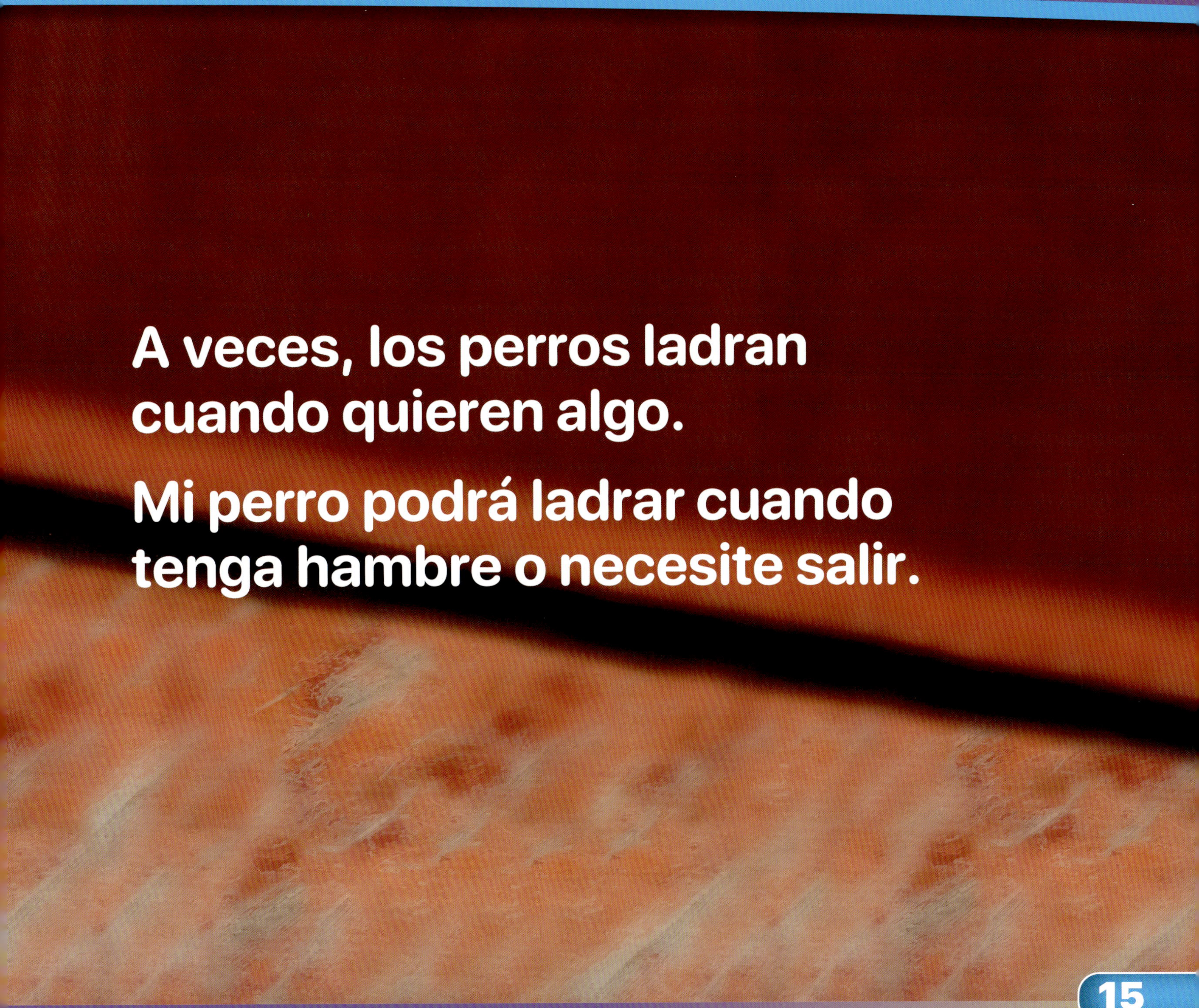

A veces, los perros ladran
cuando quieren algo.

Mi perro podrá ladrar cuando
tenga hambre o necesite salir.

Le daré de comer
dos veces por día.

Necesita tener agua fresca
para beber todo el día.

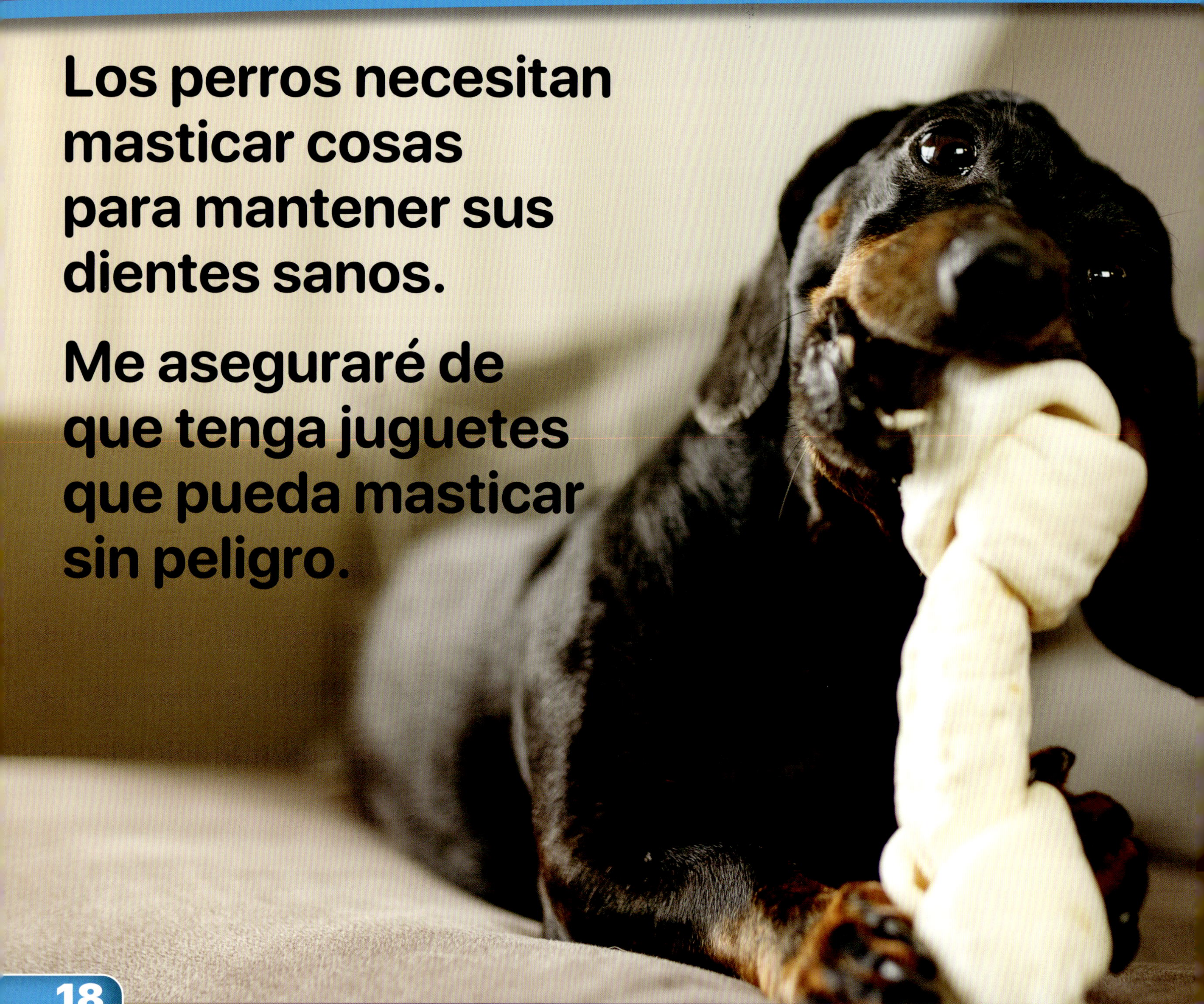

Los perros necesitan masticar cosas para mantener sus dientes sanos.

Me aseguraré de que tenga juguetes que pueda masticar sin peligro.

CRECIENDO

Cachorro recién nacido
Hasta 3 libras (1,4 kg)
Toma leche de su mamá.
No puede abrir los ojos.

Cachorro de 1 mes
Hasta 5 libras (2,7 kg)
Ya puede oír y ver bien.
Comienzan a crecerle los dientes.

Cachorro de 2 meses
Hasta 11 libras (5 kg)
Aprende a jugar.
Come alimentos sólidos.

Perro de 1 año
Hasta 60 libras (27 kg)
Aprende a comportarse.
Deja de crecer.

Estoy listo para llevar
a mi perro a casa.

Lo cuidaré mucho.

¡PIÉNSALO!

¿Qué otras cosas puedes hacer para que tu perro esté contento y sano?

DATOS SOBRE LOS PERROS

Estas páginas ofrecen información detallada sobre los interesantes datos de este libro. Están dirigidas a los adultos, como soporte, para que ayuden a los jóvenes lectores a redondear sus conocimientos sobre cada sorprendente animal presentado en la serie *Conoce a mi mascota*.

Páginas 4–5

Quiero tener un perro de mascota. Las personas han tenido perros como mascota desde hace miles de años. Se cree que fueron los primeros animales que aprendieron a vivir con la gente como mascotas y como animales de servicio. Algunas razas de perros pueden entrenarse para guiar a las personas invidentes. Hoy, uno de cada tres hogares de los Estados Unidos tienen perro.

Páginas 6–7

Hay muchos tipos de perros para elegir como mascota. Existen casi 400 razas de perro diferentes. Su peso oscila entre 3 y 175 libras (1 y 79 kilogramos). El récord de peso lo tiene un mastín de 343 libras (156 kg). El perro más pequeño que se haya registrado es un chihuahua de 4 pulgadas (10 centímetros) de alto. Los labradores son los perros más populares del mundo.

Páginas 8–9

Los perros necesitan ayuda para mantener el pelo limpio. Se los debe cepillar cada pocos días para reducir la caída del pelo y quitar la suciedad. El cepillado también es bueno para la salud de la piel. Algunas razas de perro pierden más pelo que otras y pueden tener que cepillarse con más frecuencia. También se les debe cortar las uñas y limpiar los ojos, las orejas y los dientes. La mayoría de los perros solo necesitan bañarse unas pocas veces al año.

Páginas 10–11

Mi perro necesitará hacer ejercicio todos los días. La ejercitación regular es una válvula de escape para aplacar las conductas naturales de los perros, como hacer pozos, morder, perseguir y buscar cosas. A la mayoría de los perros se los debe dejar correr durante 20 a 30 minutos por día. Las necesidades de ejercitación de cada uno varían segun la raza, la edad y la salud general del perro. Al sacar a pasear a sus perros, los dueños deben usar una correa, arnés o collar. Llevarlos con correa los protege de los autos y otros peligros de la calle.

Páginas 12–13

Es importante que mi perro tenga un lugar cálido para descansar. Las camas para perros son cómodas y evitan que los perros duerman en los sillones. Los expertos recomiendan tener al perro dentro de la casa, salvo cuando se lo saque a hacer ejercicio. Si se lo deja afuera por mucho tiempo, debe tener acceso a agua fresca y sombra los días de calor y un lugar donde protegerse del frío en invierno.

Páginas 14–15

A veces, los perros ladran cuando quieren algo. Los perros se comunican con movimientos corporales, expresiones faciales y sonidos vocales, como el ladrido. El perro suele ladrar para llamar la atención de su dueño cuando necesita algo. Los perros también ladran cuando están asustados o cuando quieren jugar. El basenji es la única raza de perro que no ladra. Los humanos pueden confundir fácilmente la comunicación de los perros. Por ejemplo, cuando bosteza no quiere decir que tiene sueño sino que esta confundido.

Páginas 16–17

Le daré de comer dos veces por día. Durante el primer año, los cachorros necesitan comer entre dos y cuatro veces por día. Después del año, es suficiente con una o dos comidas diarias. Los veterinarios pueden ayudar a los dueños de perros a aprender cuánta comida dar a sus mascotas. Hay comidas, como el chocolate, las uvas y las pasas de uva, que son peligrosas para los perros y no se les deben dar nunca como golosina.

Páginas 18–19

Los perros necesitan masticar cosas para mantener sus dientes sanos. Los perros son animales muy juguetones que les gusta masticar cosas. Eso los ayuda a mantener sus dientes limpios. Los juguetes más seguros para que el perro muerda y lleve de un lado a otro son los de goma duros y grandes. Nunca se les debe dar objetos pequeños, como cuerdas, bandas elásticas y juguetes pequeños, porque pueden atragantarse y asfixiarse.

Páginas 20–21

Estoy listo para llevar a mi perro a casa. La gente puede optar por comprar un perro en una tienda de mascotas o adoptarlo en un refugio canino. Casi el 20 por ciento de los perros que los estadounidenses tienen como mascotas fueron adoptados en refugios. Los perros adultos suelen demandar menos atención que los cachorros. Cada raza de perro tiene sus propias cualidades y necesidades. Quienes deseen tener un perro deben investigar qué tipo de perro será mejor para su familia.

Published by Lightbox Learning Inc.
276 5th Avenue, Suite 704 #917
New York, NY 10001
Website: www.openlightbox.com

Library of Congress Control Number: 2024932990

ISBN 979-8-8745-1284-2 (hardcover)
ISBN 979-8-8745-1286-6 (static multi-user eBook)
ISBN 979-8-8745-1288-0 (interactive multi-user eBook)

072024
101723

Printed in Guangzhou, China
1 2 3 4 5 6 7 8 9 0 28 27 26 25 24

Art Director: Terry Paulhus
Layout: Ana María Vidal
Project Coordinator: Sara Cucini
English/Spanish Translation: Translation Services USA

Every reasonable effort has been made to trace ownership and to obtain permission to reprint copyright material. The publisher would be pleased to have any errors or omissions brought to its attention so that they may be corrected in subsequent printings.

The publisher acknowledges Getty Images, Alamy, and Shutterstock as the primary image suppliers for this title.